MAGOS DEL HUMOR
SIMPSON™

FABRICANDO NOTICIAS

Ediciones B
GRUPO ZETA

Barcelona • Bogotá • Buenos Aires • Caracas • Madrid • México D. F • Montevideo • Quito • Santiago de Chile

Publicado con permiso de Bongo Entertainment, Inc. Este ejemplar contiene los siguientes títulos de la edición americana: © 2006 Bongo Entertainment, Inc. The Simpson © & TM Twentieth Century Fox Film Corporation. Reservados todos los derechos. Reprints US- Simpson Comics #61 © 2001 "The Paper Chase", Bart Simpson #5 © 2001 "Bart's Puzzle Page", Simpson comics #63 © 2001 "The Bogey Man". Bongo Entertainment, Inc. The Simpson © & TM Twentieth Century Fox Film Corporation. Reservados todos los derechos. © 2006 Ediciones B, S.A. - Bailén, 84 - 08004 Barcelona · www.edicionesb.es 1.ª edición, junio 2006, impreso en España · Printed in Spain. ISBN: 84-666-2755-3. Depósito Legal: V-2054-2006 Imprime: Nexo Gráfico, S.L. Esta obra no puede ser reproducida ni utilizada en manera alguna sin permiso por escrito, excepto en citas breves en artículos y reseñas.

PUBLISHER	**CREATIVE DIRECTOR**	**MANAGING EDITOR**	**OPERATIONS**	**ART DIRECTOR**	**PRODUCTION MANAGER**	**LEGAL GUARDIAN**
Matt Groening	Bill Morrison	Terry Delegeane	Robert Zaugh	Nathan Kane	Chris Ungar	Susan A. Grode

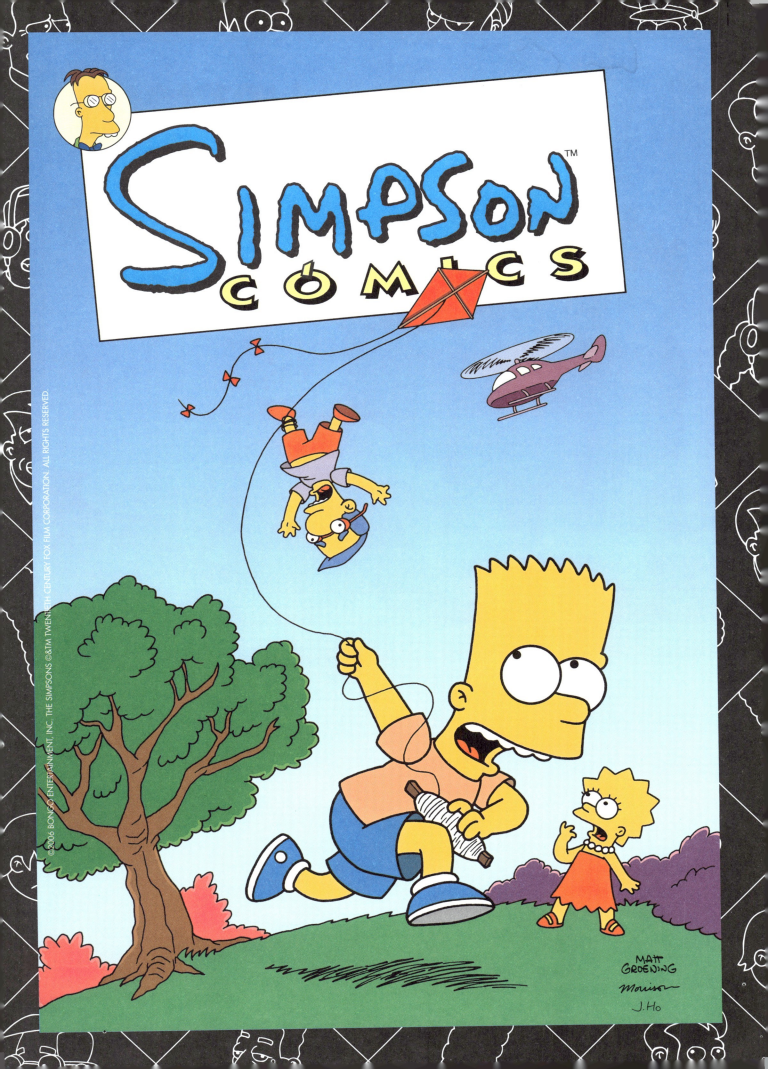

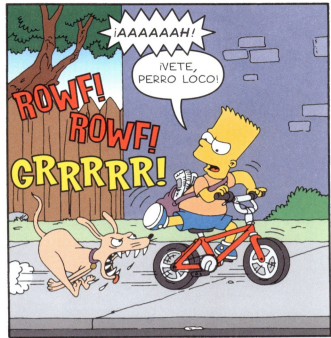

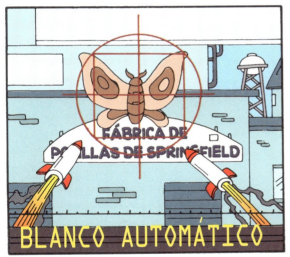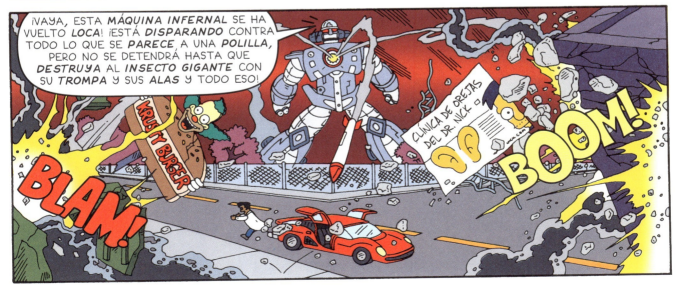

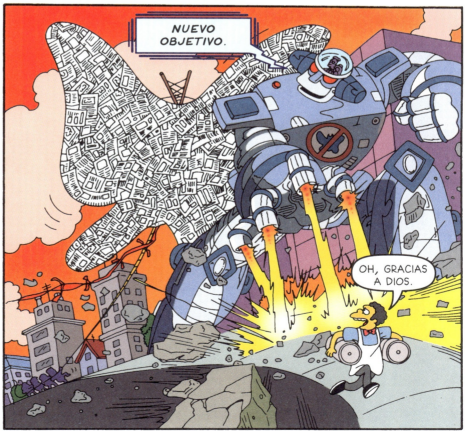

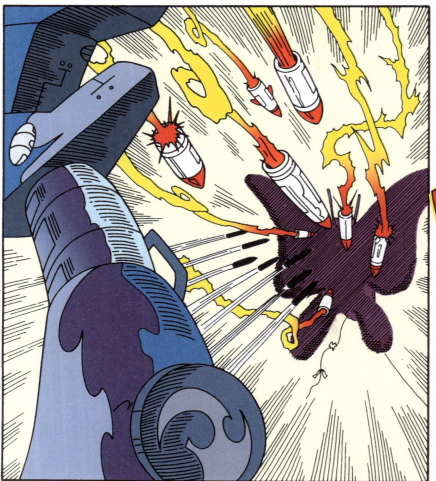

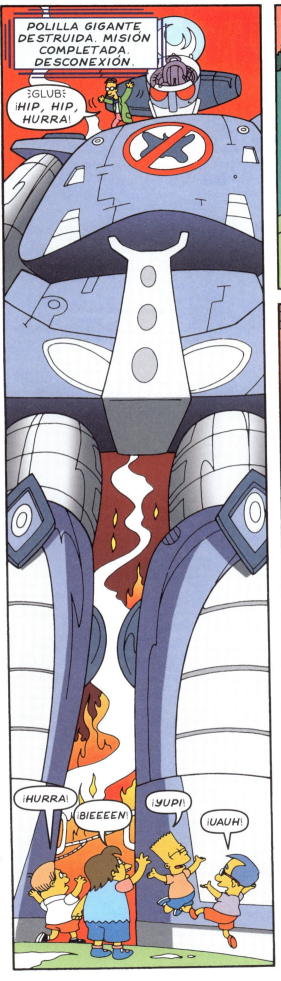

¡EN ESTE DIBUJO HAY **29** ERRORES! ¿ERES CAPAZ DE ENCONTRARLOS?

1. NO HAY MINUTERO EN EL RELOJ. 2. EL JARDINERO WILLIE LLEVA DOS ZAPATOS DISTINTOS. 3. LA LETRA "E" DE LA PIZARRA ESTÁ INVERTIDA. 4. LOS NÚMEROS 8 Y 9 ESTÁN INVERTIDOS EN EL RELOJ. 5. EN EL GLOBO TERRÁQUEO, MÉXICO ESTÁ COLOCADO AL NORTE DE LOS ESTADOS UNIDOS. 6. LOS OTROS 24 ERRORES ESTÁN EN EL EXAMEN DE BART, AUNQUE ÉL TODAVÍA NO LO SABE.

RESUELVE EL MISTERIO

AYUDA AL DIRECTOR SKINNER A DESCUBRIR QUIÉN PINTÓ EL GRAFFITI EN LA PIZARRA.

RESPUESTA: ¡LISA! ES LA ÚNICA QUE SABE ESCRIBIR CORRECTAMENTE LA PALABRA "MERLUZO".

UNE LOS NÚMEROS

¿QUÉ DESCUBRES CUANDO UNES TODOS LOS PUNTOS?

RESPUESTA: ¡UN ÁLBUM CON UNA PÁGINA LLENA DE RAYAS, BOBO!

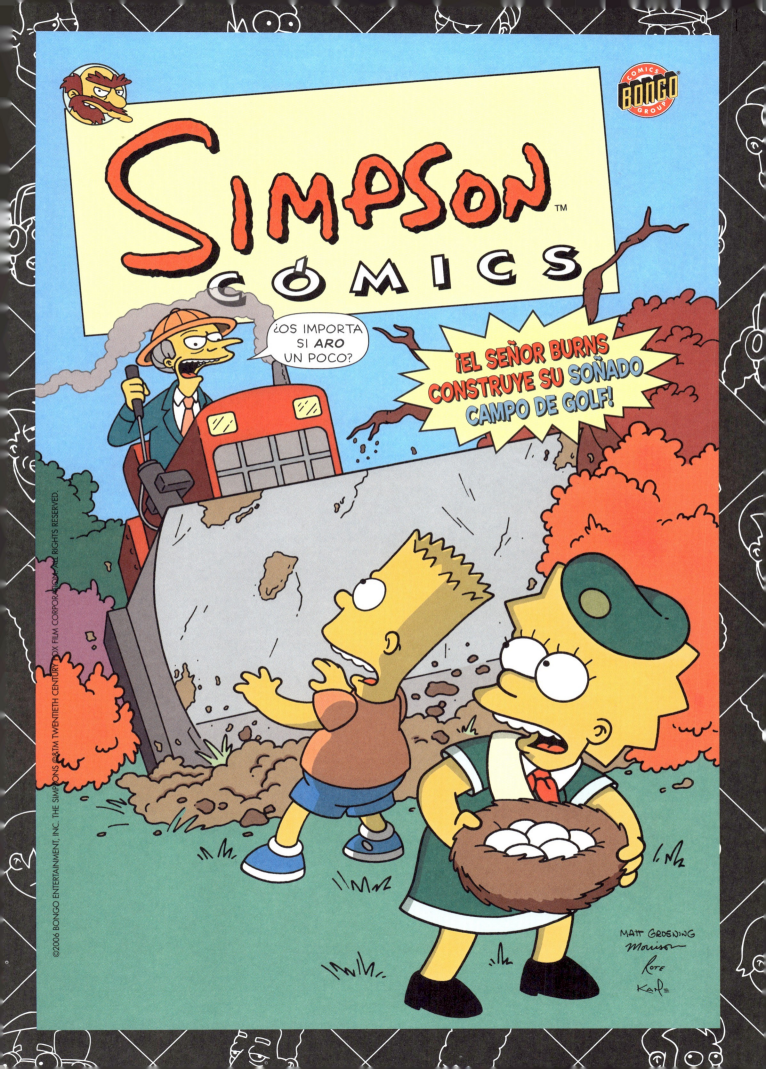

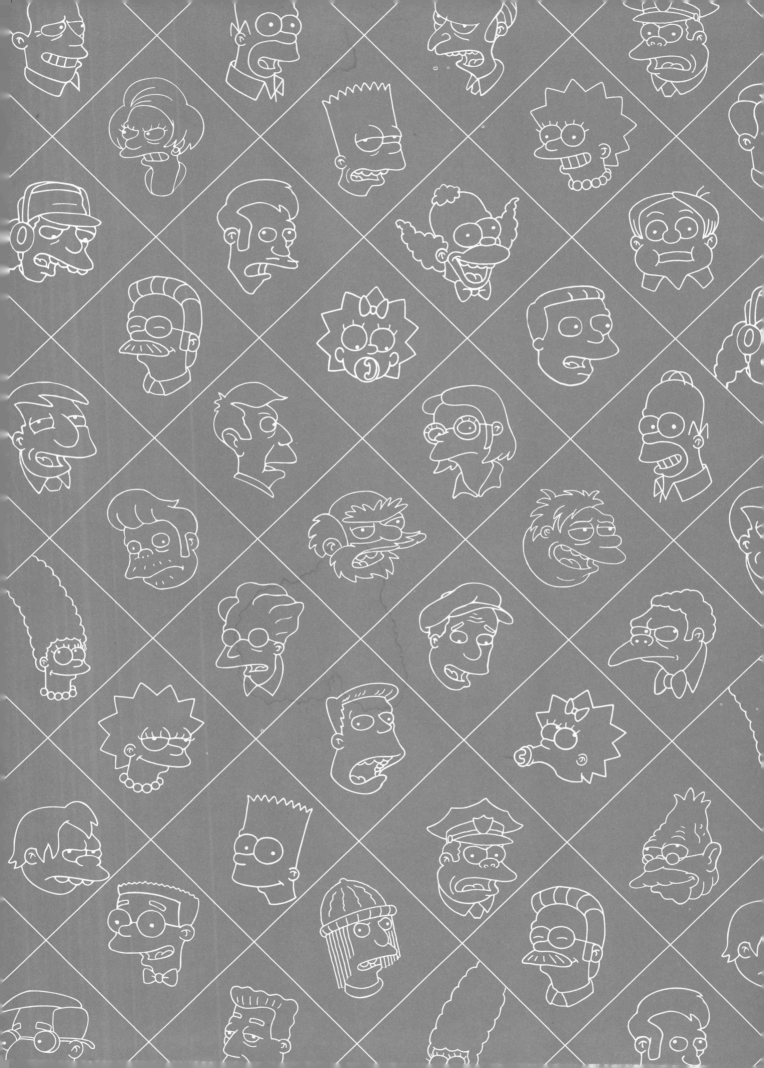